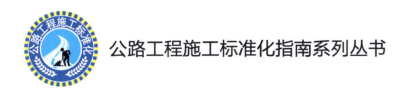
公路工程施工标准化指南系列丛书

广东省公路工程施工标准化指南

第一分册 综合管理及工地建设

广东省交通运输厅 组织编写

人民交通出版社股份有限公司

北 京

内 容 提 要

本指南对广东省公路工程各参建单位管理职责、人员配备、施组管理、原材料管理、生态环保等提出了相关要求。本指南共分十二章,主要内容包括:总则,管理职责,人员管理,材料管理,施组方案管理,优质优价,生态环保,信息化管理,驻地建设,场站建设,其他临时工程,改(扩)建工程。

本指南可供广东省交通运输行业主管部门、公路工程项目参建单位和参建人员使用。

图书在版编目(CIP)数据

广东省公路工程施工标准化指南. 第一分册,综合管理及工地建设/广东省交通运输厅组织编写. — 北京:人民交通出版社股份有限公司,2021.6
ISBN 978-7-114-17017-1

Ⅰ.①广…　Ⅱ.①广…　Ⅲ.①高速公路—道路施工—标准化管理—广东—指南　Ⅳ.①U415.1-62

中国版本图书馆 CIP 数据核字(2021)第 021250 号

Guangdong Sheng Gonglu Gongcheng Shigong Biaozhunhua Zhinan　Di-yi Fence　Zonghe Guanli ji Gongdi Jianshe

书　　名:	广东省公路工程施工标准化指南　第一分册　综合管理及工地建设
著 作 者:	广东省交通运输厅
责任编辑:	韩亚楠　朱明周
责任校对:	孙国靖　扈　婕
责任印制:	刘高彤
出版发行:	人民交通出版社股份有限公司
地　　址:	(100011)北京市朝阳区安定门外外馆斜街 3 号
网　　址:	http://www.ccpcl.com.cn
销售电话:	(010)59757973
总 经 销:	人民交通出版社股份有限公司发行部
经　　销:	各地新华书店
印　　刷:	北京建宏印刷有限公司
开　　本:	880×1230　1/16
印　　张:	4
字　　数:	65 千
版　　次:	2021 年 6 月　第 1 版
印　　次:	2024 年 6 月　第 4 次印刷
书　　号:	ISBN 978-7-114-17017-1
定　　价:	32.00 元

(有印刷、装订质量问题的图书由本公司负责调换)

《广东省公路工程施工标准化指南》编审委员会

主 任 委 员：黄成造

副主任委员：曹晓峰　职雨风　王　璜

委　　　员：张钱松　鲁昌河　刘永忠　胡利平
　　　　　　梅晓亮　彭伟强　单　云　兰恒水
　　　　　　洪显诚　李卫民　吴玉刚　邱　钰
　　　　　　余国红　乔　翔　成尚锋　代希华
　　　　　　吴传海　李　勇　熊　杰

《第一分册　综合管理及工地建设》编写委员会

主　　　编：乔　翔

副　主　编：张　利　杨　雷　孙家伟

编　　　写：王安怀　李根存　唐　浩　吴洪平
　　　　　　赵天源　张　亮　蔡平波　李　斌
　　　　　　李　磊　李　军　洪　旋　苏　敏
　　　　　　卢程辉　杨　军　麦　鹏　陈楚藩
　　　　　　汪　洁　吴清烈

前言
FOREWORD

加快推进现代工程建设管理,是公路行业坚持新发展理念,牢牢把握交通"先行官"定位,构建安全、便捷、高效、绿色、经济现代化综合交通体系的生动实践和有力抓手。近年来,广东省交通运输系统进一步转变发展方式,深入贯彻落实《交通强国建设纲要》及公路建设管理"五化"(发展理念人本化、项目管理专业化、工程施工标准化、管理手段信息化、日常管理精细化)要求,全面提升公路工程建设管理水平,有力支撑广东交通高质量跨越式发展。截至 2020 年底,广东省公路通车里程达 22.2 万公里,其中高速公路在全国率先突破 1 万公里。

2010 年以来,广东省创新开展公路建设标准化管理的实施活动,组织开展施工标准化工作,形成《广东省公路工程施工标准化指南》(以下简称《指南》),初步构建了公路建设管理的标准化体系,成功建成了港珠澳大桥、南沙大桥、汕昆高速、汕湛高速等一批优质工程。为进一步提高广东省公路建设管理水平,创建"品质工程",广东省交通运输厅组织技术攻关,在全面、系统总结 10 年来高速公路标准化管理、品质工程创建、绿色公路建设等经验基础上,对《指南》进行了修编。

本次修编的主要特点:一是注重管理和技术相结合,强化参建各方职责,规范建设管理程序,明确施工控制环节的技术和质量要求。二是坚持目标导向和问题导向相结合。针对薄弱环节,提出行之有效的措施,着力解决工程中的质量通病。三是兼顾实用性和先进性。有关管理要求和技术标准既符合实际可执行,又适度超前力求先进。四是注重创新技术在公路行业的推广应用。倡导微创新和新技术、新工艺、新材料、新设备的科学合理应用,提高管理水平、工程品质和工作效能。

修编后《指南》共分八个分册,包括综合管理及工地建设、路基工程、路面工程、桥涵工程、隧道工程、交通安全设施工程、机电工程、公路房建工程,其中公路房建工程分册另行印发。修编以国家及行业现行法律法规、标准规范为依据,全面总结广东省高速公路标准化管理、品质工程、绿色公路建设经验,对标准化施工的方方面面进行了明确、细致规定,可作为参建单位日常工作的行动指南。

本书为《指南》第一分册,对各参建单位管理职责、人员配备、施组管理、原材料管理、生态环保等提出了具体要求,强化了优质优价、信息化管理等的相关应用,同时规范了驻地建设、场站建设及其他临时工程建设的选址、布局和建设标准,旨在改善各参建单位生产、生活环境,实现集约化、工厂化、专业化、智能化施工。

《指南》修编过程中,得到了广东省交通集团有限公司、佛山市交通运输局、广东省南粤交通投资建设有限公司、广东省公路建设有限公司、广东华路交通科技有限公司、广东省路桥建设发展有限公司、广东省高速公路有限公司、广东交通实业投资有限公司、佛山市路桥建设有限公司等单位的大力支持。广东省南粤交通龙怀高速公路管理中心龙连管理处、广东云茂高速公路有限公司、广东惠清高速公路有限公司、广东潮惠高速公路有限公司、广东新粤交通投资有限公司、广东路路通有限公司、众为工程咨询有限公司、广东省高速公路有限公司开阳扩建管理处等共同参与了《指南》的修编工作。在此一并表示感谢。

《指南》可供全省交通运输主管部门、公路工程项目参建单位和参建人员使用,使用过程中发现的问题和意见建议,请反馈至广东省交通运输厅基建管理处(地址:广州市越秀区白云路27号,邮政编码:510101)。

编　者
2021 年 4 月

Contents 目录

1 总则 — 1

2 管理职责 — 2

2.1 一般规定 …………………………………………………………… 2
2.2 行业主管部门 ……………………………………………………… 2
2.3 建设单位 …………………………………………………………… 2
2.4 勘察设计单位 ……………………………………………………… 3
2.5 监理单位 …………………………………………………………… 3
2.6 试验检测单位 ……………………………………………………… 3
2.7 施工单位 …………………………………………………………… 4

3 人员管理 — 5

3.1 一般规定 …………………………………………………………… 5
3.2 建设单位 …………………………………………………………… 5
3.3 勘察设计单位 ……………………………………………………… 6
3.4 监理单位 …………………………………………………………… 6
3.5 试验检测单位 ……………………………………………………… 7
3.6 施工单位 …………………………………………………………… 8
3.7 施工班组 …………………………………………………………… 9

4 材料管理 — 11

4.1 一般规定 …………………………………………………………… 11
4.2 参建单位职责 ……………………………………………………… 11

4.3　分类和准入 ··· 12
　　4.4　质量检验 ·· 12
　　4.5　存储与使用 ··· 12
　　4.6　不合格材料管理 ··· 14

5　施组方案管理　　15

　　5.1　一般规定 ·· 15
　　5.2　各参建单位职责 ··· 15
　　5.3　实施过程 ·· 16

6　优质优价　　17

　　6.1　一般规定 ·· 17
　　6.2　评比原则及要求 ··· 17

7　生态环保　　18

　　7.1　一般规定 ·· 18
　　7.2　动植物资源保护 ··· 18
　　7.3　土地资源保护 ·· 18
　　7.4　水资源保护 ··· 19
　　7.5　生态恢复 ·· 19
　　7.6　节能环保 ·· 20
　　7.7　非道路移动机械管理 ··· 20

8　信息化管理　　21

　　8.1　一般规定 ·· 21
　　8.2　驻地 ··· 21
　　8.3　拌和站 ··· 22
　　8.4　预制梁场 ·· 22
　　8.5　钢筋加工场 ··· 23
　　8.6　试验室 ··· 23
　　8.7　施工现场 ·· 24

9 驻地建设 — 26

　　9.1　一般规定 …………………………………………………………… 26
　　9.2　驻地选址 …………………………………………………………… 26
　　9.3　场地建设 …………………………………………………………… 27
　　9.4　硬件设施 …………………………………………………………… 27
　　9.5　试验室建设 ………………………………………………………… 30
　　9.6　其他要求 …………………………………………………………… 33

10 场站建设 — 34

　　10.1　一般规定 ………………………………………………………… 34
　　10.2　拌和站 …………………………………………………………… 35
　　10.3　钢筋加工场 ……………………………………………………… 37
　　10.4　预制梁场 ………………………………………………………… 39
　　10.5　预制构件场 ……………………………………………………… 42
　　10.6　库房 ……………………………………………………………… 43
　　10.7　隧道洞口场区 …………………………………………………… 43
　　10.8　自办料场 ………………………………………………………… 45

11 其他临时工程 — 46

　　11.1　一般规定 ………………………………………………………… 46
　　11.2　临时用电 ………………………………………………………… 46
　　11.3　施工便道便桥 …………………………………………………… 47
　　11.4　水上作业平台及临时码头 ……………………………………… 49

12 改(扩)建工程 — 50

　　12.1　一般规定 ………………………………………………………… 50
　　12.2　改(扩)建交通组织 ……………………………………………… 50
　　12.3　既有工程再利用 ………………………………………………… 51
　　12.4　保畅通临时工程 ………………………………………………… 51

1 总则

1.0.1 为全面推进现代工程管理,打造公路工程"平安百年品质工程",规范公路建设管理,改善参建人员生产、生活环境,提升工厂化、集约化、信息化、智能化的施工水平,保护生态环境,提升项目管理水平,结合广东省公路建设实际情况,编制本指南。

1.0.2 本指南主要依据国家、交通运输部、广东省等颁布的相关标准、规范、规程、指南、文件及行业内成熟先进的施工经验和管理经验编制。依据文件如有更新,以最新文件为准。

1.0.3 本指南适用于广东省新建和改(扩)建的高速公路、一级公路及建安费10亿元以上的二级公路,其他项目可参考使用。

1.0.4 本指南立足高质量发展理念,兼顾管理和技术要求,凝聚公路建设标准化成果和行业内成熟的工艺、工法以及先进的技术、管理经验,兼顾指导性和灵活性。

1.0.5 公路工程项目综合管理及工地建设应遵循安全优质、以人为本、生态环保、资源节约的原则,并应符合以下规定:

1 坚持创新驱动,大力推广四新技术应用。

2 坚持节能环保,积极使用节能环保技术、环保材料和清洁能源,实现节能减排,保护生态环境。

3 大力推进智慧公路、绿色公路建设,促进信息技术与项目管理多系统融合,努力实现项目全寿命周期智能化管理。

4 临时用地、用林、用海应合法合规,工程完工后应及时恢复,并验收合格。

2 管理职责

2.1 一般规定

2.1.1 公路施工标准化是大力推行公路建设现代工程管理的有效举措和重要载体,各级交通运输主管部门和各参建单位应制定切实有效的制度及措施,积极贯彻落实公路施工标准化。

2.1.2 各级交通运输主管部门和各参建单位应加强施工标准化的宣传工作,通过组织培训教育、技术交流、竞赛考核等方式,形成比学赶超、创先争优的良好氛围。

2.2 行业主管部门

2.2.1 各级交通运输主管部门应强化政府管理职能,推广现代化工程管理理念,并制定相应激励政策。

2.2.2 各级交通运输主管部门应将公路施工标准化落实情况纳入企业信用评价体系。

2.2.3 交通运输工程造价管理机构(部门)应将公路施工标准化纳入造价管理体系,建立健全公路施工标准化造价管理制度。

2.2.4 交通运输工程质量监督机构(部门)应将公路施工标准化纳入质量安全监督体系,建立健全公路施工标准化监督管理制度。

2.3 建设单位

2.3.1 建设单位应主导推行公路施工标准化管理,根据相关规定组建项目管理机构,建立项目管理制度,明确工作流程,规范内部管理。

2.3.2 应根据项目规模、工程特点以及施工条件等情况进行项目规划,合理划分标段、合理确定标价、合理确定工期。

2.3.3 应将公路施工标准化要求纳入招标文件与合同条款,并作为施工过程中评比和计量的依据。

2.3.4 应根据国家和省主管部门有关规定,建立健全项目施工标准化评比考核机制,制订"优质优价""优监优酬"等奖励措施,并组织考核验收。

2.3.5 应按具体化、定量化的管理标准进行检查,对各参建单位实施行为和实施过程进行监督,及时发现、反馈、解决问题。

2.3.6 应组织各参建单位进行公路施工标准化宣贯,引导各参建单位树立标准化管理理念,营造公路施工标准化管理的文化氛围。

2.4 勘察设计单位

2.4.1 勘察设计单位(含主体及各附属工程)应树立与时代发展相适应的设计理念,与建设单位紧密配合,根据项目特点明确总体设计原则。

2.4.2 应根据项目需求和合同要求组建勘察、测量、设计及设计后续服务工作组,强化各阶段、各专业的设计管理,建立项目勘察设计管理制度。

2.4.3 应加强设计标准化管理,落实《广东省高速公路工程设计标准化指南》等相关要求。当有多个设计单位时,应设置总体设计单位,并由总体设计单位编制总体设计大纲,明确总体设计思想,统一设计风格和标准。

2.4.4 应结合工程实际,推行有利于标准化施工和组织管理的设计方案,推广节能减排、现代化、建管养一体化等设计方案。

2.4.5 应加强设计技术交底及后续服务,确保后续服务期内服务人员和服务质量满足要求,使标准化设计的思路和方案能较好地在现场落实。

2.5 监理单位

2.5.1 监理单位(含各专业)应根据交通运输主管部门相关规定和合同要求,充分配置资源,制定监理工作制度,明确工作内容和岗位职责,建立考核激励机制。

2.5.2 应加强监理人员管理,按标准化管理要求将监理工作进行分解,细化工作内容,并纳入监理计划和监理细则中。

2.5.3 应按标准化管理要求,督促施工单位落实各项工作。

2.6 试验检测单位

2.6.1 试验检测单位应根据交通运输主管部门相关规定和合同要求,充分配置资源,制定试验检测工作制度,明确工作内容和岗位职责,建立考核激励机制。

2.6.2 应加强检测人员管理,按标准化管理要求将检测工作进行分解,细化工作内容,并纳入试验检测实施方案中。

2.6.3 应配合监理单位对施工单位标准化落实情况进行监督,负责监管各施工单位工地试验室工作。

2.7 施工单位

2.7.1 施工单位是公路施工标准化的实施主体,应将施工标准化作为管理的重点。

2.7.2 应根据交通运输主管部门相关规定和合同要求,制定全过程、全方位、全覆盖的施工管理制度。

2.7.3 应具体落实公路施工标准化的各项要求,结合本单位施工能力和技术优势,积极采用有利于提升施工标准化水平的工艺工法。

2.7.4 应加强对施工一线操作人员的管理和培训,打造示范班组,推广先进工法,培养优秀工匠。

3 人员管理

3.1 一般规定

3.1.1 各从业单位的机构设置、人员配置应符合相关规定,满足项目管理的实际需求。

3.1.2 建设单位应参照招标文件制订相应的人员管理办法,加强对各参建单位的人员管理。

3.1.3 各参建单位人员宜统一着装、佩戴工作牌。

3.1.4 各参建单位应按有关规定对工程相关人员进行培训,并完善管理。

3.2 建设单位

3.2.1 人员配备

1 管理人员数量应根据工程项目的建设规模和专业技术要求具体确定。工程技术人员数量占管理人员总数的比例,具有中、高级或以上专业技术职称的人员数量占工程技术人员总数的比例等,均应符合《关于进一步加强公路项目建设单位管理的若干意见》(交公路发〔2011〕438号)的相关规定。

2 管理机构人员应具有良好的社会信用和职业道德,严格执行国家有关法律和规定,熟悉、掌握公路建设规章、政策,机构负责人及关键岗位人员应具有相应工程组织管理能力。

1)机构负责人应具有中级或以上专业技术职称,具有不少于2个同等级或以上公路项目的建设管理经历。

2)技术负责人应熟悉、掌握公路工程技术标准、规范和规程,具有高级或以上专业技术职称,具有不少于2个同等级或以上公路项目的技术管理经历。

3)财务负责人应熟悉、掌握财经法规和财务制度,具有中级或以上职称,具有不少于1

个同等级或以上公路项目的财务管理经历。

4）关键岗位人员如计划、合同、技术、质量、安全等部门负责人，应具备相应岗位的专业技术和任职资格，并分别具有不少于1个同等级或以上公路项目的建设管理经历。

3.2.2　人员管理

项目建设单位应将派驻工程现场的管理机构、管理人员及其资格条件报有关交通运输主管部门核备。

3.3　勘察设计单位

3.3.1　人员配备

1　勘察设计单位应按照相关要求配备人员，并在设计过程中和后续服务期间保持人员的相对稳定。未经建设单位批准，不得擅自更换。

2　高速公路项目设计负责人应具有高级或以上专业技术职称，且具有不少于2个高速公路项目的设计经历。其他等级公路项目设计负责人应具有高级或以上专业技术职称，且具有不少于1个同等级或以上公路项目的设计经历。

3　后续服务期间应根据工程实际需要及项目进展情况配备路、桥、隧、路面、附属工程等相关专业的设计后续服务组人员，相关人员应具有本项目设计经历。

3.3.2　人员管理

1　设计单位应将服务机构、设计人员及其资格条件等报建设单位核备。

2　设计后续服务组人员在现场工作期间，每月驻工地时间不得少于22d，驻场人员数量应满足合同要求和施工需要。

3.4　监理单位

3.4.1　人员配备

1　监理单位人员配备及组织架构设置应满足合同要求及工程实际需要。

2　总监理工程师应具有相应专业高级或以上技术职称，且具有不少于2个同等级或以上公路项目的监理经历。

3　驻地监理工程师应具有相应专业中级或以上技术职称，且具有不少于3年同等级或以上公路项目的监理经历。

4　监理工程师应按照对工程实施有效监理的原则，根据监理内容、工程规模及类别配备。每年每7500万元建安费应配备交通运输部核准资格的监理工程师1名。根据工程特点和实际需要，上述人员配置可在0.8~1.2的系数范围内调整。

5　监理单位应配备相应数量的安全、环保等专业监理工程师。

3.4.2　人员管理

1　应对监理人员进行信息化管理，不得随意变动，报批人员如需更换，应重新报项目建设单位批准。

2 监理人员应持有相应主管部门核发的证书。如有工程需要,上岗前应参加建设单位组织的理论知识及实操能力考核,考核合格后方可上岗。

3.5 试验检测单位

3.5.1 人员配备

1 高速公路项目试验检测单位人员配备及组织架构设置应满足合同要求及工程实际需要,相关人员配备一般不低于表3.5.1-1的规定。

高速公路项目试验检测单位人员配备　　表3.5.1-1

序号	试验检测单位试验室			备 注
	管辖合同段总里程 L(km)	配备人数(人)		
		试验检测工程师	试验员	
1	$L \leq 10$	2	4	以上人员均应持有交通运输行业试验检测相应有效的资格证书
2	$10 < L \leq 30$	2	6	
3	$30 < L \leq 40$	3	8	
4	$40 < L \leq 60$	3	10	
5	$L > 60$	4	12	

注:独立桥梁、隧道可根据工程实际情况参照执行,合同文件对试验检测人员配备有另行规定的,应同时满足合同文件的要求。

其他等级公路项目试验检测人员配备及组织架构设置应满足合同要求及工程实际需要,相关人员配备一般不低于表3.5.1-2的规定。

其他等级公路项目试验检测单位人员配备　　表3.5.1-2

序号	试验检测单位试验室			备 注
	管辖合同段总里程 L(km)	配备人数(人)		
		试验检测工程师	试验员	
1	$L \leq 10$	2	3	以上人员均应持有交通运输行业试验检测相应有效的资格证书
2	$10 < L \leq 30$	2	4	
3	$30 < L \leq 40$	2	5	
4	$40 < L \leq 60$	2	6	
5	$L > 60$	2	8	

注:独立桥梁、隧道可根据工程实际情况参照执行,合同文件对试验检测人员配备有另行规定的,应同时满足合同文件的要求。

2 高速公路项目试验检测主任应进行岗位登记并持有检测工程师证,具有相关专业中级或以上职称,具有不少于2个高速公路项目的专业检测工程师经历。其他等级公路项目试验检测主任应进行岗位登记并持有检测工程师证,具有相关专业中级或以上职称,具有不少于1个同等级或以上公路项目的专业检测工程师经历。

3 所有试验检测人员应持证上岗并进行岗位登记,持证人员所持资格证书领域应涵盖主要试验检测项目。

3.5.2 人员管理

1 应对试验检测人员进行信息化管理,不得随意变动,报批人员如需更换,应重新报项目建设单位批准。

2 试验检测人员应持有相应主管部门核发的证书。如有工程需要,上岗前应参加建设单位组织的实操能力及理论知识考核,考核合格后方可上岗。

3.6 施工单位

3.6.1 项目部

1 人员配备应符合以下规定:

1)施工单位人员配备及组织架构设置应满足合同要求及工程实际需要。

2)高速公路项目经理应具有中级或以上专业技术职称,持注册一级建造师证,具有不少于2个高速公路项目的施工管理经历,并持有安全生产"三类人员"B类证书。其他等级公路项目经理应具有中级或以上专业技术职称,持注册一级建造师证,具有不少于1个同等级或以上公路项目的施工管理经历,并持有安全生产"三类人员"B类证书。

3)高速公路项目总工程师应具有高级或以上专业技术职称,具有不少于2个高速公路项目的施工管理经历,熟悉、掌握公路工程技术标准、规范和规程,并持有安全生产"三类人员"B类证书。其他等级公路项目总工程师应具有高级或以上专业技术职称,具有不少于1个同等级或以上公路项目的施工管理经历,熟悉、掌握公路工程技术标准、规范和规程,并持有安全生产"三类人员"B类证书。

4)专职安全管理负责人应具有初级或以上专业技术职称,具有不少于2年同等级或以上公路项目施工安全生产工作经历,并持有安全生产"三类人员"B类证书。专职安全员根据工程规模及相关规定配备,并满足工程需要,应持有安全生产"三类人员"C类证书。

5)专业工程师应按照对工程实施有效管理的原则,根据工程内容、规模及类别配备,满足投标承诺以及工程实际需要。

2 人员管理应符合以下规定:

1)技术人员应满足合同要求,并持证上岗。

2)质检员、安全员、测量员等技术人员,如有工程需要,上岗前应参加监理单位组织的考核,考核合格后方可上岗,考核结果报送建设单位。

3.6.2 试验室

1 人员配备应符合以下规定:

试验室人员应根据投标承诺、项目规模及施工需求配备,一般不低于表3.6.2的规定。

施工单位工地试验室人员配备　　　　　表 3.6.2

序号	施工单位试验室			备注
	合同造价 C(亿元)	配备人数(人)		
		试验检测工程师	试验员	
1	$C \leq 1$	2	4	以上人员均应持有交通运输行业试验检测相应有效的资格证书
2	$1 < C \leq 3$	2	5	
3	$3 < C \leq 5$	2	6	
4	$5 < C \leq 10$	2	8	
5	$C > 10$	2	10	

注：独立桥梁、隧道可根据工程实际情况参照执行，合同文件对试验检测人员配备有另行规定的，应同时满足合同文件的要求。

  2　人员管理应符合以下规定：

  1）工地试验室检测人员应由母体试验检测机构或其授权法人机构聘用和管理。

  2）工地试验室授权负责人应为母体试验检测机构通过岗位登记的人员，持有交通运输部试验检测工程师证，并具有中级或以上职称。

  3）试验员上岗前应参加试验检测单位组织的考核，考核合格后方可上岗，考核结果报送建设单位。

3.7　施工班组

  3.7.1　施工班组管理应按广东省交通运输厅《广东省高速公路工程施工安全标准化管理指南》相关规定执行。

  3.7.2　人员配备应符合以下规定：

  1　班组长应具有不少于 3 年同等级或以上公路工程施工经验，具有全面的工作技能，掌握班组各岗位操作规程，可以指导他人作业，具备组织、协调、指挥等管理能力。

  2　开工前应结合班组组建计划和工程量需求组建班组，班组人数一般不宜少于 5 人，可由同工种或性质相近、配套协作的不同工种的工人组成。

  3.7.3　人员管理应符合以下规定：

  1　施工单位对班组建设负主体责任，应编制班组建设实施方案并上报监理单位审查，建立班组管理和班组运作的责任体系、制度、规程和手册等，对班组建设进行全过程管理。施工单位负责落实"实名制"具体工作要求，对班组长进行任职考核，统筹实施工人的进退场、培训教育、工资支付等。

  2　用工实名管理应符合以下规定：

  1）施工单位应根据工作需要配置专职"实名制"管理人员，并通过"实名制管理系统"为每一位进场工人建立实名制档案，及时收集、整理、更新实名制信息，不得遗漏或填报伪造、虚假信息。

2）班组及工人进、退场前，班组长应负责填报进、退场申请，上报施工单位审批，同意后方可进、退场，施工单位应及时采集、登记班组及工人进、退场信息。

3）施工单位应对工人进行培训教育，及时采集工人的进场培训、在岗培训信息。

4）施工单位应及时采集工人的严重不良行为信息、奖励及处罚信息。班组及工人退场后，班组长、施工单位应对班组及工人进行评价，施工单位应及时采集评价信息。

3　培训教育管理应符合以下规定：

1）施工单位应配置培训教育基础设施，鼓励设置安全体验馆，有条件的施工单位可采用虚拟现实技术(VR)进行培训。

2）工人进场技能、安全培训不得少于8学时，其中实操培训不少于2学时。施工单位组织的工人在岗技能、安全培训原则上按季度进行，每名工人每季度接受培训不少于1次，不少于2学时；班组长每半年接受培训不少于3次，不少于8学时。培训记录应上传至相关实名制管理系统。

3）建设、监理、施工单位应结合安全检查和日常巡查，运用手持巡查设备等查询培训考核记录，并采用现场问答等方式抽查工人对培训内容的掌握情况。发现未经培训或考核不合格的上岗作业工人，应责令其下岗再培训，并依据相应规定对责任单位及责任人进行处罚。

4　工资支付管理应符合以下规定：

1）各参建单位应落实人员实名制管理的要求，施工单位应通过实名制管理系统实行工人工资支付管理。施工单位对本合同段的工人工资支付负总责，按照合同约定落实工资支付管理要求，建立工资支付管理制度，并通过交通建设工程从业人员实名制管理平台(含工资支付管理信息化平台)规范工人工资支付管理。

2）施工单位应建立工人工资支付台账，配备专职劳资管理人员，如实记录支付时间、支付对象、支付数额等工资支付情况，并上报监理单位和建设单位。

3）施工单位如果出现拖欠工人工资情况，建设单位应采取有力有效措施，督促施工单位限期整改。若未按期整改，建设单位有权直接从施工单位的工资保障金或工程款或履约保证金中直接扣除相应费用后向工人进行支付。

4）工人工资支付应实行专户管理，由施工单位在银行设立工资支付专户，专门用于发放工人工资。

5）施工单位应在施工现场醒目位置设立维权信息告示牌，明确标示劳动用工相关法律法规、当地最低工资标准、工资支付日期、投诉举报电话等信息。

4 材料管理

4.1 一般规定

4.1.1 各参建单位应树立质量第一观念,严把原材料质量关,不合格的原材料不得进场使用,从源头上确保工程质量安全。

4.1.2 各参建单位应遵循"源头把关、过程控制、强化监督、精细管理"的原则,建立健全公路建设材料采购、使用管理制度和质量保证体系,积极采取精细化、信息化管理手段,确保工程使用材料质量。

4.1.3 建设单位应根据项目的实际情况对工程材料归类管理,对原材料实行准入制度。

4.1.4 各类原材料(含半成品)应经过监理单位、试验检测单位批复,未经批复的材料不得用于项目建设。

4.1.5 宜采用信息化管理手段实现对材料用量的实时统计,并随时查询施工各阶段材料计划用量与实际用量的对比情况。

4.2 参建单位职责

4.2.1 建设单位应指导、监督、检查各单位的材料管理工作,并主导材料质量准入制度。高速公路项目应根据《广东省交通运输厅关于印发高速公路材料供应行为信用评价管理办法的通知》(粤交〔2018〕3号)对项目材料供应商履约行为及其他行为进行信用评价;其他等级公路项目参照执行。

4.2.2 监理单位应负责审查或审批材料品牌及供应商名单,并报建设单位审批或备案。

4.2.3 试验检测单位应对整个项目的试验检测工作进行管理,组织对进场材料进行抽检取样和试验检测。

4.2.4 设计单位应负责提供材料相关指标要求，明确技术要求，为材料采购提供基础资料。

4.2.5 施工单位应负责材料进场、验收、试验、保管及使用。

4.3 分类和准入

4.3.1 材料宜分为Ⅰ类、Ⅱ类、Ⅲ类进行管理，建设单位可根据项目的实际情况调整工程材料归类。

1 Ⅰ类材料，包括钢筋、水泥、钢绞线、沥青等大宗主要材料。

2 Ⅱ类材料，指对工程质量起关键作用，或后期维修、更换成本较高的关键材料，包括但不限于：桥梁支座、锚具、伸缩装置、波纹管、土工材料、防水板、止水带、止水条、排水盲管、透水管、减水剂、压浆剂、锚固剂、速凝剂，以及交安、机电等工程中对质量有较大影响、需要重点监管的材料。

3 Ⅲ类材料是指除Ⅰ类、Ⅱ两类以外，由承包人自行采购或加工的砂、石等其他工程材料。

4.3.2 建设单位宜根据材料分类实行分级准入管理。

4.3.3 各参建单位应加强对容易导致质量通病的材料的管理，如外加剂、木质纤维素、矿粉、防水板、支座等，必要时可进行专项管理。

4.3.4 应加强对材料供应商各方面的综合考察，择优选用。

4.4 质量检验

4.4.1 施工单位应每月以试验月报等形式向监理单位、试验检测单位及时报告进场原材料的厂家、规格、型号、数量、检测频率、检测结果、存在的问题及处理措施等。监理单位、试验检测单位应建立材料抽检台账，并与施工单位材料进场台账和检测台账相对应，便于质量追溯。

4.4.2 施工单位对使用的材料应有备选方案，如果材料生产厂家或供应商不能保证材料质量、数量或供应不及时，应及时启动备选方案。

4.5 存储与使用

4.5.1 一般规定

1 施工单位应根据工程需要对材料存放区域进行科学规划、合理布局，存放区域应与拌和站、钢筋加工场、预制场等场地配套。

2 原材料的储存场地应严格按照标准化要求建设,经监理验收合格、批准后方可使用。

3 原材料进场后应分类储存、标识清晰。不同料源、品种、规格的原材料必须分类分仓堆放,不得混堆;已检验合格的原材料和待检原材料应分开堆放,并标识清楚,临时存放应报监理批准。

4 施工单位应建立各项材料管理台账,包括入库台账、出库台账、检测台账、使用记录台账,保证原材料使用过程的每个环节都能溯源。

4.5.2 钢筋(材)

1 每批次钢筋(材)进场,均应办理相关手续,并提供产品合格证及检验单。

2 钢筋(材)存放区域应保持干燥,防止被水浸或雨淋。钢筋宜堆放在离地30cm以上的垫木或其他支承上,下部支点间距不大于200cm,并应保护其不受机械损伤及避免暴露在可使钢筋生锈的环境中,以免引起钢筋表面锈蚀和破损。钢绞线在外放置时,应搭棚存放。

4.5.3 水泥、外加剂、沥青改性剂等

1 每批次水泥、外加剂、沥青改性剂进场,均应办理相关手续,并提供产品合格证及检验单。

2 施工单位原则上应使用散装水泥,用储存罐存放。在不具备使用散装水泥的情况下使用袋装水泥,应建造库房存放。

3 袋装水泥的储存时间不得过长,以免结块导致强度降低。出厂后超过3个月未用的水泥,应及时抽样检查,经化验后按照重新确定的强度等级使用。

4 水泥、外加剂、沥青改性剂等在库房内存放,应在方木(或砖砌)上铺设木板,使水泥、外加剂等离地30cm以上,离周边墙体30cm以上。库房内水泥叠放不得超过10层,宜每批次成垛。

5 混凝土液体外加剂应按规定装运、储存。储存罐配备循环、搅拌等装置,放置在阴凉干燥处。

4.5.4 沥青

1 同一批沥青的生产厂家、品牌、规格和生产批次应一致。

2 沥青应按品种、标号、批次分开存放。桶装沥青应直立堆放,加盖苫布。

3 沥青进库完毕后,应对储存罐进料口进行铅封,并用专用封条对沥青储存罐进料口进行封罐处理。在供货过程中,应做好详细的材料进罐、出罐记录。

4.5.5 其他要求

1 周转料具的存放应随拆、随整修、随保养,码放整齐。大模板存放时,应有可靠的防倾倒措施,不得靠在其他模板或物件上,以防止变形。

2 支座锚具、塑料排水板等易腐蚀、易老化材料应入库存放。

3 原材料、半成品、成品应按照现场管理标准化的要求进行堆放、标识、储存和防护。

4.6 不合格材料管理

4.6.1　检测不合格的材料,施工单位应限期将其清除出场,不得用于项目建设;对已用于项目工程的不合格材料,应追溯材料使用部位和使用情况,并根据试验检测结果做相应处理。

4.6.2　试验检测单位应及时将材料抽检不合格情况向监理单位、建设单位报告,并建立不合格材料台账。

4.6.3　建设单位、监理单位应对不合格材料处理情况进行跟踪,并保留影像资料,建立动态管理台账。

5 施组方案管理

5.1 一般规定

5.1.1 高速公路项目施组方案管理应按广东省交通运输厅《广东省高速公路工程施工组织设计和施工方案标准化管理指南》执行,其他等级公路项目参照执行。

5.1.2 本章施组方案是指实施性施工组织设计及施工方案。

5.1.3 施组方案编制应以保证工程质量和安全为前提,以工期和投资效益为目标,确保环境保护和社会稳定,结合工程实际优化资源配置,对工程建设进行科学规划与组织。

5.1.4 各参建单位应按职责分工对施组方案进行编制、审批、执行、监督和检查。

5.2 各参建单位职责

5.2.1 建设单位应明确各参建单位施组方案管理责任及相关要求,并做好施组方案的监督。

5.2.2 设计单位应参与实施性施工组织设计的评审,并参与危险性较大、施工难度大、技术复杂及其他需要设计单位参与的工程专项施工方案的评审。

5.2.3 监理单位应按要求做好施组方案的审查、批复工作,并检查施组方案的实施、整改情况。

5.2.4 施工单位应建立健全施组方案管理机制,明确工作内容和相关责任;做好施组方案的编制、内部审查、专家论证(必要时)、报审、动态修编等工作;落实施组方案的技术交底和现场实施。

5.3 实施过程

5.3.1 施工单位在开工前应组织风险评估,分类编列施组方案管理清单,并报监理单位批复。

5.3.2 施工单位应根据批复的施组方案管理清单,分类别、分阶段开展施组方案的编制、内部审查、专家论证(必要时)和报批工作。

5.3.3 施组方案批复后,施工单位应组织施工技术(安全)交底,并严格按照批复的施组方案组织施工。

5.3.4 施组方案在施工环境、施工条件发生重大变化,或工程设计发生重大变更、主要施工方法发生重大调整等情况下,应及时进行修编。修编后的施组方案应重新进行审查、批复,施工前应再次组织施工技术(安全)交底。

5.3.5 有设计单位参与评审的施组方案,设计后期服务人员应定期核查现场施工是否偏离设计意图,发现问题应及时通知监理单位和建设单位。

5.3.6 监理单位应对施组方案的执行进行全过程监督管理,发现问题应及时予以纠正。

5.3.7 建设单位应将施组方案落实情况纳入优质优价、优监优酬、信用评价等相关评比中。

6 优质优价

6.1 一般规定

6.1.1 高速公路项目优质优价管理应按照广东省交通运输厅《关于印发广东省高速公路工程优质优价和施工监理优监优酬实施意见的通知》(粤交基〔2010〕1893号)等执行,项目分设试验检测单位的应参照"优监优酬"有关规定执行;其他等级公路项目参照执行。

6.1.2 在不超过批复设计概算的前提下,优质优价总额一般应足额配备,专款专用。

6.1.3 优质优价未发生部分应用于冲减建设成本;优胜奖资金宜在项目内统筹使用。

6.2 评比原则及要求

6.2.1 建设单位可综合本项目在行业主管部门或各上级单位的质量检查评比情况,对优质优价评比进行统筹,体现项目各参建单位之间的差异性,并在项目管理制度或者合同条款中予以明确。

6.2.2 建设单位应根据项目的工程特点,适当加大对施工难度较大的工程或重点分项工程的优质优价评比奖励。

6.2.3 优质优价评比宜考虑四新技术的推广与应用,鼓励创新。

6.2.4 优质优价评比宜设立班组奖项和个人奖项,奖金应发放至班组和个人,提高班组和一线员工的工作积极性。

7 生态环保

7.1 一般规定

7.1.1 应坚持绿色发展理念,提倡采用经济适用的环保措施,加强生态环境保护。

7.1.2 应遵循最大保护、最小破坏、及时恢复的原则,减少对路域自然地貌、原生植被、野生动物等的影响。

7.1.3 应做好规划,合理布设驻地、场站等临时工程,合理利用或保护工程建设范围内的土地、水体、植物等资源,有条件的宜采取永临结合的方式实施。

7.1.4 应积极推广环保的新技术、新工艺、新材料、新装备、新能源等,逐步淘汰高能耗、高排放的设备和工艺。

7.1.5 合同中宜适当增加生态环保措施的相关费用。

7.2 动植物资源保护

7.2.1 施工区域经过或靠近动物保护区时,应按照相关要求采取相应的保护措施。

7.2.2 隧道洞口、互通区域、分离式隧道中间山体及分幅路基之间等征地范围内非施工区域的植被宜保留,并在后续施工中持续保护。

7.2.3 对于项目施工区域或影响范围内的古树名木,应按有关规定合法保护。

7.2.4 应对征地范围内有利用价值的苗木进行移栽,宜利用到项目后续工程建设中。

7.3 土地资源保护

7.3.1 宜制订耕植表土收集利用专项方案,尽量用作绿化用土及土地复垦等。

7.3.2 临建工程宜租用当地既有建筑或场地,尽量减少土地资源占用,以能单独封闭管理的院、场为宜;占用红线用地的,应做好场地交还的计划并做好过程跟进,以免影响后续工程实施。

7.3.3 施工便道应结合地方道路规划以及长大桥隧工程应急和检修通道等进行长远规划、综合建设。

7.4 水资源保护

7.4.1 临建工程规划宜远离或少占沿线的河流、湿地、沼泽地等,最大限度地保护项目沿线水资源。

7.4.2 应做好互通立交、管理中心、集中住宿区征地红线范围内的溪流、湿地、鱼塘等水体的保护和利用,结合房建工程以及景观要求合理规划。

7.4.3 应保护水源附近的土壤植被,不得在江河等水体附近取弃土。

7.4.4 确因工程需要在水资源附近施工时,应满足以下要求:

1 沥青、油料、化学品等施工物资应远离江河等水体,妥善保管、堆放,防止因雨水冲刷而污染水体;施工废料不得倒入水体中。

2 在施工期,含残油、废油及洗涤油污水的生产废水相对集中的路段应设置隔油池,及时收集并按规定进行隔油处理。

3 应注意保护自然水流,不宜改变水流方向、压缩过水断面。

7.4.5 建设过程中易产生水土流失的地段,应设置临时汇水池或多级沉淀池,经沉淀净化后方可外排。

7.4.6 临时排水和污水处理宜编制专项方案,提倡水的循环利用,排放应符合水利及环保部门的相关要求。

7.4.7 集中住宿生活区应配备污水处理设施,完善生活污水处理系统。

7.4.8 地下水丰富的隧道,应在洞口对水进行归集,设置多级沉淀池或净化装置进行处理,并及时清运沉淀物。

7.4.9 对于涉海工程,应按照相关规定进行海洋资源的保护工作。

7.5 生态恢复

7.5.1 边坡绿化应紧跟防护及时实施,取(弃)土场、路侧填平区等施工裸露区域应结合工程进展及时开展复绿工作。

7.5.2 在满足结构安全及使用要求的前提下,边坡、取(弃)土场等防护工程宜采用生态环保方案。

7.6 节能环保

7.6.1 施工现场应采取减少大气污染、噪声（振动）污染等有效措施。

7.6.2 空气污染防治应符合以下规定：

1 对于环保要求较高的区域，宜安装环境空气质量监测系统，实现智能控制与管理。

2 扬尘区域宜采取雾炮等降尘措施，减少对周边环境的影响。

3 运输土方、砂石等易产生扬尘物质的车辆，应采取遮盖措施。施工便道应经常洒水降尘，减少扬尘对沿线居民生产生活造成的影响。

4 隧道洞口宜安装雾炮机，推广采用水压爆破、初期支护湿喷等隧道施工技术，必要时洞内施工可增加水幕降尘措施。

7.6.3 邻近学校、医院、居民区等路段，应采取控制施工时段、采用低噪声设备等措施，减少噪声对周边居民生产生活的影响，必要时设置临时的隔声设施。

7.6.4 项目用电宜采用永临结合方案，减少工程投入和环境破坏。

7.6.5 生活区和办公区鼓励引入太阳能、空气能、天然气等清洁能源，完善垃圾分类和清运。

7.6.6 未使用完的混凝土余料，宜进行分离再利用。

7.6.7 沥青储存和沥青混合料加工过程中，应使用天然气或液化气。

7.7 非道路移动机械管理

7.7.1 宜推广清洁能源的非道路移动机械（公路工程施工现场在用工程机械设备，包括但不限于挖掘机、推土机、装载机、压路机、摊铺机、平地机、开槽机、桩工机械、叉车、装卸搬运机械、牵引车等）的使用。

7.7.2 施工单位在进场施工时，应当建立非道路移动机械使用台账，建立环保定期检验和维修制度，加强环保符合性检查及设备维护保养，配合做好相关环保检查工作，应将"超高排放"的非道路移动机械清退出场。

7.7.3 监理单位应加强对非道路移动机械设备的环保检查，督促施工单位使用符合排放标准的非道路移动机械。

8 信息化管理

8.1 一般规定

8.1.1 在工程建设中宜进行信息化管理和数据共享,在管理中使用信息化技术,推动智慧公路建设。

8.1.2 项目应遵循集成化管理原则,统一信息化管理平台,管理平台应包含工程建设过程中各个信息化管理模块,实现"统一领导、分级管理、协同工作",信息化管理平台应配套移动终端应用。

8.1.3 提倡数据自动采集,自动传输,减少人工输入;不同基础板块之间的同一数据应自动关联,管理文件数据化,所有数据的输入、输出、查询、修改等应具备可溯源性,实现痕迹化管理。

8.1.4 项目管理宜根据工程实际情况,采用成熟、实用的信息化管理功能模块。鼓励应用新技术,推动传统管理模式向信息化、智能化的管理模式转变。

8.1.5 建设单位应在信息化管理系统的建立过程中发挥主导作用,应提前规划、统一标准、统一管控,明确信息化管理需要应用的场合、实现的功能及达到的效果。

8.1.6 各参建单位应配合建设单位做好信息化管理,并积极探索云计算、大数据等现代信息技术在公路行业的应用,如建立健全完善的监测感知体系、可靠的通信保障体系、实时的预报预警体系及智能的运维管理体系等。

8.2 驻地

8.2.1 驻地建设的信息化管理模块一般包含人员管理模块、文件管理模块、远程视频会议系统和视频监控系统。

8.2.2 管理人员信息模块宜包含人员的基本信息、工资发放、教育培训、专业技能、岗位职责、履约情况等。

8.2.3 作业人员信息模块应设置劳务人员管理模块,记录进退场、工资发放、技能培训、安全教育、信用考核等相关信息。

8.2.4 文件管理模块宜将公文文件、工程质量、安全、进度、投资、计量支付、变更、清单、招标、合同、档案管理等内容集成管理,逐步实现无纸化办公。文件检索宜实现对文件内容的检索功能。

8.2.5 人员管理模块和文件管理模块宜实现预警功能,如重要人员未经请假而不在岗、劳务人员工资发放异常、文件处理时间滞后等。

8.2.6 各单位驻地应满足远程视频会议的需求,应至少有一个会议室配备远程视频会议系统,能满足项目所有管理人员召开视频会议的需求。视频会议宜配备专用网络,保证视频影像流畅、不卡顿。

8.2.7 各单位驻地视频监控系统宜包含影像资料即时获取、即时保存和实时传输功能,应配备满足要求的储存媒介和网络环境,保证视频影像连续、完整、可查,有条件的项目宜设置视频监控中心(室)。

8.3 拌和站

8.3.1 拌和站的信息化管理模块一般包含生产监控管理系统和视频监控系统。

8.3.2 混凝土生产监控管理系统通过在拌和机上安装可自动读取生产数据的功能模块,如配合比控制、原材料称重、搅拌控制等,自动分析施工配比,发现问题实时报警。系统宜设置生产数据统计与分析等功能模块,实现生产过程监控、生产统计分析等质量追溯功能。

8.3.3 沥青混合料生产监控管理系统还应包含温度控制系统,对沥青的温度、沥青混合料搅拌温度及出料温度进行监控并预警。

8.3.4 拌和站视频监控系统宜包含影像资料即时获取、即时保存和实时传输功能,应配备满足要求的储存媒介和网络环境,对料仓、料斗、操作室、出入口等关键部位进行实时监控。

8.4 预制梁场

8.4.1 预制梁场的信息化管理模块一般包含预制梁基本信息管理系统、预应力张拉压浆监控系统、自动喷淋系统、喷雾养生系统、温度湿度监测系统等。

8.4.2 预制梁基本信息管理系统宜记录每一片梁的编号、基本信息、浇筑日期、张拉日期、压浆日期、7d强度、28d强度等信息,对不满足管理规定的行为自动报警提醒。

8.4.3 预制梁预应力张拉压浆监控系统应实时采集预应力施工过程中的张拉力值、伸长量及压浆过程中的压力、持压时间等数据,并及时上传到服务器,进行数据分析处理,实现对作业过程质量的动态监控。

8.4.4　预制梁场宜设置温度湿度监测装置,将自动喷淋系统、喷雾养生系统和温度湿度监测系统结合,从传统的"定时"喷淋改变为随梁体温度和湿度变化而进行的"智能"喷淋。

8.5　钢筋加工场

8.5.1　钢筋加工场的信息化管理模块一般包含智能化的加工机械、视频监控系统等。

8.5.2　钢筋加工场视频监控系统宜包含影像资料即时获取、即时保存和实时传输功能,应配备满足要求的储存媒介和网络环境,保证视频影像连续、完整、可查,可对钢筋运输、加工、焊接、吊装、出入口等关键部位和关键工序进行实时监控。

8.5.3　应探索信息技术在钢筋加工中的应用,实现钢筋加工的自动化、智能化。

8.6　试验室

8.6.1　试验室的信息化管理模块一般包含设备仪器管理系统、试件管理系统、数据传输系统、温度湿度控制系统、视频监控系统等。

8.6.2　设备仪器管理系统宜包含所有仪器的基本信息、基本参数、标定日期、使用台账等。对逾期未标定的仪器,系统应自动报警提醒。

8.6.3　试件管理系统宜包含试件的基本信息、成型日期、标养情况、强度指标、存放位置等。对逾期未测试的试件,系统应自动报警提醒。

8.6.4　数据传输系统宜能够实现对试验数据的即时获取、即时保存和实时传输功能。

8.6.5　温度湿度控制系统一般是对标养室、标养箱的温度和湿度进行监测,当发现温度湿度不满足要求时,系统应自动报警提醒。

8.6.6　试验室视频监控系统(图8.6.6)宜包含影像资料即时获取、即时保存和实时传输功能,应配备满足要求的储存媒介和网络环境,对各功能室、出入口等关键部位进行实时监控。对一些关键的试验过程,应进行视频录像,并对影像、资料予以保存。

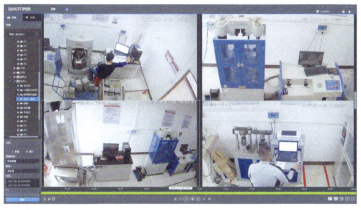

图8.6.6　试验室视频监控系统

8.7 施工现场

8.7.1 特殊工点、关键工序、隐蔽工程等宜推广信息化应用,并应结合建筑信息模型(BIM)技术建模,校核设计冲突,实现可视化管理。工地现场的信息化管理模块一般包含质量安全管理系统、特大桥、特长隧道、特殊高边坡自动监测系统、沥青路面三维摊铺信息控制系统等。

8.7.2 隧道施工视频监控系统(图8.7.2)宜包含影像资料即时采集、即时储存和实时传输功能,应配备满足要求的储存媒介和网络环境,保证视频影像连续、完整、可查,对隧道掌子面等关键部位进行实时监控。

图8.7.2 隧道施工视频监控系统

8.7.3 隧道人员定位系统(图8.7.3)宜结合隧道长度、隧道门禁系统等统一设置。

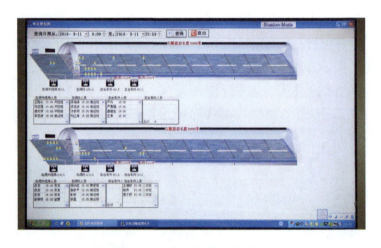

图8.7.3 隧道人员定位系统

8.7.4 隧道内气体监测系统(图8.7.4)一般用于监测隧道内氧气及有害气体(如瓦斯)的浓度,若氧气浓度过低或有害气体浓度超标时,系统应自动报警提醒。

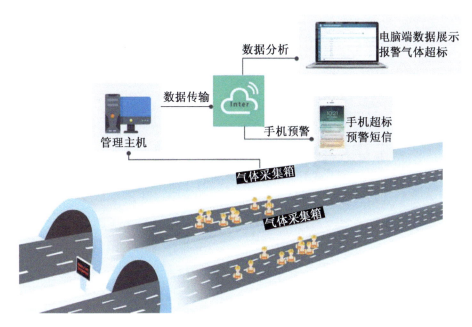

图 8.7.4 隧道内气体监测系统

8.7.5 隧道宜采用监控量测管理系统,实现监测数据自动采集存储、自动分析处理、自动反馈集于一体,确保隧道施工作业的安全和信息具备可追溯性。

8.7.6 对于监测周期相对较长的特大桥、特长隧道、特殊高边坡、软基等工点宜推广自动监测。

8.7.7 沥青路面摊铺宜推广应用沥青路面三维摊铺信息控制系统,随时监测路面的压实度、摊铺速度及沥青摊铺温度等指标。路面检测宜推广应用信息化检测技术。

8.7.8 路基填筑宜采用信息化管理手段记录冲击碾压的轨迹及范围。软基处理(如水泥搅拌桩、排水板等)宜采用信息化模块自动传输桩位、桩长、压力、水泥浆流量、插打行程等数据,并实现不足(超限)报警等功能。

8.7.9 宜在工程质量管理、工序交验、安全生产以及工程量辅助统计等方面推广应用无人机。

9 驻地建设

9.1 一般规定

9.1.1 驻地建设一般包括建设单位驻地、监理单位驻地、试验检测单位驻地、施工单位驻地以及工地试验室的建设。

9.1.2 驻地建设应体现以人为本的理念,着力改善项目各参建单位的生产、生活环境。

9.1.3 驻地建设应因地制宜,满足生态环保和信息化管理的相关要求。

9.1.4 驻地内消防设施应符合现行《建设工程施工现场消防安全技术规范》(GB 50720)的有关规定,设置消防通道,并保证消防车道的畅通,禁止在车道上堆物、堆料或挤占消防通道;在适当位置设置临时室外消防水池和消防沙池,配置相应的消防安全标识和消防安全器材,定期检查、维护、保养。

9.1.5 驻地内使用的电气设备和临时用电应符合现行《施工现场临时用电安全技术规范》(JGJ 46)的有关规定。

9.1.6 交安、机电、房建和绿化等附属工程驻地建设可参照本章规定执行。

9.1.7 驻地内标识标牌宜统一、规范。

9.2 驻地选址

9.2.1 驻地选址应远离地质自然灾害区域,周围无塌方、滑坡、落石、泥石流、洪涝等自然灾害隐患,远离高频、高压电源及油、气、化工等其他污染源,满足安全、环保、水保等要求。

9.2.2 应兼顾项目所辖范围,优先设置在工程量集中、控制性工程多的工点附近。

9.2.3 应离集中爆破区 500m 以外,不得占用桥梁下部空间、河道、互通匝道区及规划的取(弃)土场。

9.2.4 应保证交通、通信便利,水、电和网络设施齐全。

9.3 场地建设

9.3.1 驻地可自建或租用沿线合适的单位或民房建筑,应坚固、安全、实用、美观,并满足工作、生活需求,自建房还应安装、拆卸方便且满足环保要求。自建房屋最低标准为活动板房,应采用阻燃材料,搭建不宜超过两层,每组最多不超过12栋,组与组之间的距离不小于8m,栋与栋之间的距离应满足城市不小于5m、农村不小于7m的要求。

9.3.2 驻地(图9.3.2)宜为独立式庭院,四周设有围墙,有固定出入口,采用封闭式管理。有条件的,可在出入口设置门卫室和保卫人员。

图9.3.2 驻地全景

9.3.3 办公区、生活区及车辆、机具停放区等布局应科学合理,办公区、生活区等应分区管理。区内场地及主要道路应作硬化处理,庭院宜适当绿化,保持环境优美整洁。

9.3.4 应编制场地排水专项方案,场地应平整、无坑洼,确保雨水或其他用水能及时排出。

9.3.5 应结合广东省实际情况,台风影响区域应采取防御台风的相关措施。

9.3.6 生活、生产污水和垃圾应集中收集处理,设置垃圾堆积池,有条件的,应考虑污水净化处理及循环利用,提倡垃圾分类处理。

9.3.7 为节约资源,建设单位宜尽早规划、建设后期运营管理中心,以作为项目建设单位的驻地。可结合项目大小、交通状况等实际情况设置管理分中心。

9.4 硬件设施

9.4.1 各参建单位驻地办公房面积应满足需要,高速公路项目配备标准一般不低于表9.4.1-1的规定。条件受限的项目,驻地面积及建筑面积可结合选址实际情况,经相关管理单位批准后适当调整。

高速公路各参建单位驻地办公房面积标准　　　　表9.4.1-1

名　称	配备标准(m²)			
	建设单位	监理单位	检测单位	施工单位
办公室	6	6	6	6
会议室	100	60	60	60
档案资料室	60	40	40	60

其他等级公路项目配备标准一般不低于表9.4.1-2的规定。条件受限的项目，驻地面积及建筑面积可结合选址实际情况，经相关管理单位批准后适当调整。

其他等级公路各参建单位驻地办公房面积标准　　　　表9.4.1-2

名　称	配备标准(m²)			
	建设单位	监理单位	检测单位	施工单位
办公室	6	6	6	6
会议室	80	50	50	60
档案资料室	40	20	20	30

9.4.2 驻地办公用房应实用、美观，通风、照明良好，并设有防暑、降温、取暖设备，房间应做好防潮、防有害生物（虫、霉、鼠等）措施。

1　办公室应符合以下规定：

1）各办公室门口应挂设名称牌；部门职责、岗位职责、安全职责应悬挂上墙。

2）应配备必要的信息化软硬件设施，满足施工信息收集、整理、传送需求以及工程进度、质量、安全、计量、变更等信息化管理的相关要求。

2　会议室应符合以下规定：

1）会议室应悬挂项目简介、组织机构框图等，整体布局要协调统一、美观大方。

2）应配备必要的信息化软硬件设施，如多媒体等常用会议设施，应至少有一个会议室配备视频会议配套设施。

3　档案资料室应符合以下规定：

1）所有档案资料应由专人负责管理，建立借阅登记制度。

2）档案应保存在专用档案柜或档案架中，应分门别类，做好标识，归档的档案盒宜样式统一。

3）应配备必要的信息化软硬件设施，满足档案信息化管理的相关要求。

4　党员活动室应挂牌明确标识，并按人数配备相应的活动场所。

9.4.3 所有班组（含劳务人员）应纳入施工工区集中居住、统一管理，生活用房建设应体现以人为本的理念，应实用、美观、隔热、通风、防潮、防有害生物。施工工区生活用房建设的最低标准见表9.4.3，建设单位、监理单位、试验检测单位、施工单位项目部生活用房建设标准应不低于施工工区生活用房的建设标准。各单位生活用房应设宿舍、食堂、浴室、厕所等，具备条件的宜设文体活动室、活动场地、医疗室等。

驻地生活用房面积标准　　　　　表9.4.3

名　　称	配备标准(m²)	备　　注
宿舍	3.5	人均面积
食堂(含餐厅)	0.8	人均面积
浴室	0.3	人均面积,总面积不小于20m²
厕所	0.2	人均面积,总面积不小于20m²

1 宿舍(图9.4.3-1)应符合以下规定：

1) 每间宿舍面积原则上不超过30m²，居住人员不宜超过8人，人均使用面积应不小于3.5m²。

2) 宿舍内门窗(可开启式)应设置齐全，门净宽不小于0.8m，门口及室内通道宽度不小于1.2m，室内应通风、照明良好，地面应硬化、防潮，有条件的可铺砌瓷砖，室外应设专门的晾衣处。

3) 宿舍内严禁使用通铺，保证每人单铺(可分上下铺，不得超过2层)，床铺应高于地面0.3m，人均床铺面积不小于2m²，床铺间距不小于0.5m。

4) 宿舍内应设置生活用品专柜，个人物品摆放整齐，宜统一床单被罩。室内严禁存放易燃、易爆物品，严禁乱拉电线、明火做饭和使用大功率电器设备。

5) 宿舍内应整洁卫生，夏季宜有消暑、防蚊虫叮咬措施，冬季宜有保暖措施。

2 食堂(图9.4.3-2)应符合以下规定：

1) 食堂宜设置在离厕所、垃圾站及有害物质场所20m以外的位置，与办公用房、生活用房的距离不小于10m。

2) 食堂净空应不小于2.8m，门净宽不小于1.2m，人均使用面积不小于0.8m²。

3) 食堂内应设置独立的制作间、储藏间，做到生熟分离，并配有消毒设备，燃气罐应单独设置存放间(通风良好)，宜配备油水分离池，地面应作硬化和防滑处理，配备纱门、纱窗、纱罩等。食堂应保证通风良好，排水系统良好，避免污水淤积。

图9.4.3-1　宿舍

图9.4.3-2　餐厅

3 浴室应符合以下规定：

1) 浴室地面应作防滑处理，使用防水灯具和开关，并定时保证充足的冷、热水供给，排水、通风良好。

2）浴室人均使用面积应不小于0.3m²，总面积不小于20m²，淋浴喷头数量与人员比例不小于1∶10，淋浴间与更衣间应分离设置，更衣间内应设置长凳、储衣柜或挂衣架。

4 厕所应符合以下规定：

1）厕所应男女分设，且应为通风、采光良好的可冲洗式厕所，地面应作防滑处理，并配备纱门、纱窗。

2）厕所人均使用面积应不小于0.2m²，总面积不小于20m²，蹲位数量与人员比例不小于1∶10，大小便池内应镶贴瓷砖。

3）宜将"厕所革命"的理念延伸到项目驻地厕所建设中，打造卫生、舒适的如厕环境。厕所应指定专人负责卫生工作，落实除臭净味、四害消杀等要求，确保厕所内无积水积便、乱堆乱放、乱涂乱画、乱张乱贴等现象。

5 文体活动室（图9.4.3-3）、活动场地（图9.4.3-4）、医疗室应符合以下规定：

1）文体活动室面积宜不小于20m²，具备活动、学习条件，通风、照明等设施良好，书籍、报纸、杂志等宜配备齐全。

2）活动场地宜设置乒乓球场、篮球场、羽毛球场以及相关的健身、娱乐等活动场所。

3）医疗室可根据现场人员数量和就医的方便程度设置，并配备必要的医疗设备、药物等。有条件的可配备相应的医务人员。

图9.4.3-3　文体活动室

图9.4.3-4　活动场地

9.5 试验室建设

9.5.1　试验室设置

1 工地试验室是指公路工程建设从业单位在工程现场为质量控制和检验工作需要而设立的临时试验室。工地试验室建设应符合现行《公路水运工程试验检测管理办法》的规定，由取得《公路水运工程试验检测机构资质等级证书》（简称"等级证书"）和计量认证的试验检测机构（简称"母体试验检测机构"）授权设立，且授权的试验检测项目和参数不得超出其等级证书核定的业务范围。母体试验检测机构应对工地试验室的试验检测行为及结果承担责任。

2 施工单位、试验检测单位应在工程正式开工前,根据合同要求及投标承诺,经授权在工程现场设立与工程内容相适应的工地试验室。

3 工地试验室经建设单位备案后方可开展试验检测工作。

9.5.2 试验室面积及检测设备配置

1 设备配置应满足合同要求及投标承诺,其技术指标应满足试验规程、工程内容及工程规模的相关要求。

2 试验室应配备必要的试验辅助器具、工具及试验物资,并根据试验项目工作量配备充足的交通工具及办公设施,特别是管辖多个合同段的试验检测单位,车辆配备应能满足所辖半数以上合同段同时开展试验检测工作的要求。

3 试验室应通风、照明良好,并设有防暑、降温、取暖设备。各功能室(图9.5.2)面积及设施配置应满足试验检测需要,一般不低于表9.5.2的规定。

工地试验室各功能室面积标准　　　　　表9.5.2

名　称	配备标准(m²)		备　注
	试验检测单位试验室	施工单位试验室	
土工室	20	20	配置温度控制设备
集料室	15	15	配置温度控制设备
石料室	20	20	—
水泥室	20	20	配置温湿度控制设备
水泥混凝土室	25	25	配置温湿度控制设备、完善排水设施
力学室	20	20	配置温度控制设备
沥青室	20	20	配置温度控制设备
沥青混合料室	25	25	配置温湿度控制、大功率排风设备
化学室	12	12	根据实际需要选择设置
留样室	12	12	配置湿度控制设备
样品室	15	15	按照样品状态分区
标养室	20	20	配置温湿度控制设备、完善排水设施
外检室	15	15	根据实际需要选择设置
储藏室	12	12	根据实际需要选择设置
会议室	20	20	宜满足20人以上开会的要求,若试验室设置在项目部或试验检测单位驻地,可不另设会议室

注:若场地允许,可考虑增设大功率加热设备专用室,如烘箱、沸煮箱等。

4 涵盖监控、通信、收费、供配电等专业的工程项目,工地试验室宜考虑配备机电联调试验室,将各系统关键设备事先在试验室内进行测试、联调,并搭建模拟环境,对整个系统进行预调试。

9.5.3 试验仪器、设备安装

1 设备安装应按照设备使用说明书或试验规程的相关要求进行。

图 9.5.2　力学室布置

2　若设备需要安设基座与其固定,应在试验室建设时根据布局设计基座,基座顶面应保持水平,待设备就位调平后采用地脚螺栓进行固定。对基座有隔振要求的,应设立不与其他建筑物直接相连的独立混凝土台座,周围存在振源时,应在地面与台座间设 5mm 厚橡胶垫。

3　压力机、万能材料试验机等力学设备应设置金属防护罩或安全防护网,使用的防护网(罩)应安全、美观、方便操作。

4　各功能室电源插头宜齐整布设且高出地面 1.3m 以上,操作台高度宜控制在 70～90cm,台面宽度宜为 60～80cm,台面为混凝土或铺设地板砖,表面应平整,操作台下设置带有柜门的储物柜。

9.5.4　试验与检测

1　试验室应当严格遵循独立、客观、及时、准确的工作原则,按照国家和行业现行有关标准和规定开展工地试验检测工作。

2　完成的试验检测数量应达到规定的频率要求。开展的试验检测项目不得超出认定的项目及参数范围,对认定范围以外的试验检测项目及参数,应经建设单位认可后,委托具有相应等级证书和计量认证证书的试验检测机构承担。

3　特殊材料的取样和送检工作,可由建设单位组织施工单位、监理单位和试验检测单位联合进行,并送到具有交通运输行业资质和取得计量认证的试验检测机构进行检验。

9.5.5　档案资料管理

1　工地试验室的档案资料应由专人负责管理。各种试验资料应记录完整、真实有效,严禁造假。应建立完整的工程项目试验检测台账。

2　应保存好试验检测原始数据。

3　试验资料归档应分类明确、齐整有序、条目清晰、归档规范。签字不齐全、记录或报告不完整的资料不得归档。

9.5.6　其他要求

1　仪器设备安装完成后,应经计量检定机构对各类检测设备进行检定(校准)并确认。

2　应建立健全各项工作制度和管理制度,如试验检测工作程序,试验检测人员岗位责任制,仪器设备、档案资料、样品管理、安全、环保、卫生制度等。各项规章制度和主要设备的操作规程应上墙。

3　工程项目开工前,试验检测单位应组织各参建单位收集齐全本工程项目所需的现行有效的试验检测规程、规范和相关标准,并编辑目录清单下发相关文件予以明确执行。

4　试验人员作业前应按设备的操作规程进行检查,作业中应严格遵守劳动纪律、执行操作规程和有关的安全管理制度,作业后应及时做好设备的维护、保养,并形成相关记录。

5　对要求在特定环境下储存的样品,应严格控制环境条件。易燃、易潮和有毒的危险样品应隔离存放,并做好标记。

6　试验室室内环境应保持整洁卫生。试验废弃原材料回收或存放应符合环保要求。对电磁干扰、灰尘、振动、电源电压等应严格控制。产生较大噪声的检测项目应在装有隔声设施的功能室进行检测试验。

7　应配备发电机组,保证试验检测工作正常、连续。试验室电路应为独立专用线,分组控制,一机一闸,并安装过载和漏电保护装置。

8　应根据项目混凝土工程量修建报废混凝土试块堆放场地,容量应满足存储3个月内所有混凝土试块数量,试验废弃原材料回收或存放应符合环保要求。

9.6　其他要求

9.6.1　生活污水的处理应达到排放标准,厕所污水应通过集中独立管道进入化粪池,封闭处理。

9.6.2　驻地内应设有必要的防雷设施,为加强驻地安全管理工作,维护企业财产安全和职工生命财产安全,在条件允许的情况下,驻地应设置报警装置和监控设施。

9.6.3　在办公区醒目位置应设置办公区平面示意图、指路牌、部门指示牌、项目简介栏、组织机构图、党建宣传牌及企业文化宣传栏等。

9.6.4　在各驻地单位附近主干道应设置指路牌,统一格式,并符合现行《公路交通标志和标线设置规范》(JTG D82)的有关规定。

10 场站建设

10.1 一般规定

10.1.1 场站一般包括拌和站、钢筋加工场、预制场、施工材料存放场、隧道洞口场区等。

10.1.2 工地建设应推行集约化管理,混凝土集中拌制,钢筋集中加工,混凝土构件集中预制。应提倡使用新技术、新设备,推行工厂化生产、机械化加工、流水化作业和装配化施工。

1 项目招标前,建设单位应考虑集约化施工生产的要求统筹规划,将具备多个合同段集中生产条件的工程集中招标,对不具备多个合同段集中生产条件的工程,应尽量要求在单个合同段实行集约化施工生产。

2 路基排水工程的水沟盖板、防护工程预制块、隧道边沟盖板、混凝土护栏及其他小型构件应集中预制,集中管理,统一工艺,推荐采用新技术、新材料,减少单块预制件重量,以方便施工。

10.1.3 场站选址应远离地质自然灾害区域,周围无塌方、滑坡、落石、泥石流、洪涝等自然灾害隐患,远离高频、高压电源及油、气、化工等其他污染源。场站选址应离集中爆破区500m以外,不得占用规划的取(弃)土场。如确需占用红线内用地,应实行先批后建,并超配资源确保工期要求。

10.1.4 场站建设前应编制排水专项方案,场地内应设排水系统及污水处理系统。应合理设置排水坡度,场地不得积水。

10.1.5 场区内主要运输道路宽度不宜小于7m,应根据场地承载力情况采取相应措施进行硬化处理,基础不好的道路应增设垫层。

10.1.6 施工材料存放场应与拌和站、钢筋加工场、预制场等场地配套建设。施工单位进场后,应根据实际需要进行施工材料存放的规划与选址,明确其设置位置及规模等。

10.1.7 场站建设应因地制宜,满足生态环保和信息化管理的相关要求。

10.1.8 场站建设应结合广东省实际情况,台风影响区域应采取防御台风的相关措施。

10.1.9 场站内标志标牌宜统一、规范。

10.2 拌和站

10.2.1 场地选址除满足一般规定外,还应根据本合同段的主要构造物分布、运输条件、通电和通水条件综合选址,尽量靠近主体工程施工部位,减少混凝土运输距离,做到运输便利、经济合理,并应远离生活区、居民区,尽量设在生活区、居民区的下风向。

10.2.2 场地建设应符合以下要求:

1 拌和站(图10.2.2)应根据工程实际情况集中布置,宜采用封闭式管理,四周设置围墙或铁艺栅栏,入口设置大门和值班室。

图10.2.2 拌和站布置

2 拌和站建设应综合考虑施工生产情况,合理划分拌和作业区、材料计量区、材料库、运输车辆停放区、试验区(含标养室)、集料堆放区及生活区,内设洗车池(洗车台)、污水沉淀池和排水系统。生活区应与其他区隔离,生活用房建设应符合本指南第9章的有关规定。

3 推荐建设封闭式水泥混凝土拌和站,拌和站场地面积、搅拌机组配置及产能应满足生产、施工需求和工程进度要求,一般不低于表10.2.2的规定。

拌和站建设标准　　　　表10.2.2

拌和站类型	场地面积(m²)	每个拌和站搅拌机组最低配置
水泥混凝土拌和站	5000	2台拌和楼(每台至少3个水泥罐、4个冷料仓)
沥青混合料拌和站	35000	1台拌和楼(每台至少6个沥青罐、2个粉料罐、5个冷料仓、5个热料仓)
水稳拌和站	15000	1台拌和机(每台至少3个水泥罐、4个冷料仓)

注:1. 场地面积为拌和站(含备料场)面积,条件困难地区可适当调减。
　　2. 场地面积、搅拌机组配置可结合施工进度要求、备料场大小等情况优化调整。

4 拌和站各罐体宜连接成整体,安装缆风绳和避雷设施,罐体应喷涂成统一颜色,并绘制公路项目名称以及施工单位简称,两者宜竖向平行绘制,颜色、字体应醒目。

5 拌和站应设置工程公示牌、场区平面图、安全生产警示牌等,配合比标识牌应悬挂于操作间附近醒目位置。

6 拌和设备应符合以下要求:

1) 水泥混凝土拌和应采用强制式拌和机,单机生产能力不宜低于 $90m^3/h$。拌和设备应采用质量法自动计量,水、外掺剂应采用全自动电子称量法计量,禁止采用流量或人工计量方式,应保证工作的连续性、自动性,且应具备计算机控制及打印功能。外掺剂罐体应加设循环搅拌系统。

2) 水稳拌和设备推荐采用两级振动拌缸,设备应具备自动计量功能,一般设自动计量补水器加水,额定生产能力不低于 600t/h。

3) 沥青混合料应采用间歇式拌和机,配备计算机及打印设备,额定生产能力不低于 320t/h。

4) 拌和站计量设备通过计量检定机构标定后方可投入生产,使用过程中应定期进行自校,确保计量准确。控制室应安装分体式空调,保证各部电气元件正常工作。

7 拌和站应根据拌和机的功率配备相应的备用发电机,确保拌和站有可靠的电源。

8 原材料堆放应符合以下规定:

1) 凡用于工程的砂石料应按照级配要求,不同粒径、不同品种分区存放,每区醒目位置宜设置材料标识牌和样品盒,标识牌应注明材料名称、产地、规格、数量、进料时间、检验状态、试验报告号、检验批次等。隔料仓隔墙应牢固(推荐使用钢板隔墙),高度一般不小于2.5m,确保不串料。隔墙上应标注堆料线和清仓线。碎石储料仓的走向宜与拌和楼冷料仓的排列平行一致,并预留一定的空间,方便装载机上料。

2) 水泥混凝土、路面面层储料场应用混凝土进行硬化处理,路面基层储料场可用水稳材料进行硬化处理。料场底应高于外部地面,排水坡度应不小于2%,并在料场口设置排水沟,防止料场积水。

3) 水泥混凝土、路面面层储料场应搭设顶棚,顶棚宜采用轻型钢结构,高度应满足机械设备操作空间(一般不宜小于7m),并满足受力、防风、防雨等要求。

9 所有拌和机的集料仓应搭设防雨棚,并设置隔板,隔板高度不宜小于100cm,确保不串料。

10.2.3 其他要求

1 作业平台、储料仓、集料仓、水泥罐等涉及人身安全的部位均应设置安全防护装置。传动系统裸露的部位应有防护装置(图10.2.3-1)和安全检修保护装置。

2 应设专人定期进行拌和站的清理和打扫,保持拌和站内卫生。

3 临近居民区施工产生的噪声,应符合现行《建筑施工场界环境噪声排放标准》(GB 12523)的有关规定。

4 应根据需要设置车辆设备冲洗设施(图10.2.3-2)、排水沟及沉淀池,施工污水处理达标后方可排放。

图 10.2.3-1　传动系统防护

图 10.2.3-2　车辆冲洗设备

5　砂石料场底部、上料台、上料输送带下部废料应经常清理并保持清洁，严禁装载机铲料时铲底。

6　水泥等材料进料时，应保证材料罐顶的密封性能，预留通气孔应设有降尘措施。当粉尘较多时，应暂时停止上料，待处理完毕后方可继续。

10.3 钢筋加工场

10.3.1　钢筋加工场选址除符合一般规定外，还应根据本合同段的主要构造物分布、运输条件、钢筋加工量等特点综合选址，做到运输便利、经济合理。

10.3.2　场地建设应符合以下规定：

1　宜采用封闭式管理。场地应按原材料堆放区、钢筋下料区、加工制作区、半成品堆放区、成品待检区、合格成品区、废料处理区等进行科学分区，生产区、通道、车道应标识清晰，生产区与车道宜采用护栏隔离（图10.3.2-1）。

图 10.3.2-1　安全分区

2 场地面积应根据钢筋(材)加工量的大小、工期等要求设置,一般不低于表10.3.2的规定。

加工场规模及面积标准　　　　　　　　表10.3.2

规　　模	加工总量 $T(t)$	场地面积(m^2)
特大型	$50000 < T$	5000
大型	$10000 < T \leq 50000$	3500
中型	$6000 < T \leq 10000$	2000
小型	$3000 < T \leq 6000$	1500
微型	$T \leq 3000$	500

注:如受场地限制,可适当调整场地面积大小,但功能分区布局应科学、合理。

3 钢筋加工场架构宜采用钢结构搭设,高度应满足加工设备操作空间(一般不小于7m),并设置避雷及防风的保护措施。强风影响区域宜从材料、结构等角度进行强化。

4 个别桥梁、隧道、涵洞受地形和运输条件限制,可视实际情况采用简易钢筋棚加工。简易钢筋棚面积应满足生产、施工需求。棚内地面应按规定进行硬化或设置支垫,材料存放应下垫上盖。

5 钢筋加工机械设备应满足工程质量和进度需要,提倡配置智能化的加工机械,如钢筋分拣机器人、钢筋焊接机器人、钢筋笼滚焊机(图10.3.2-2)、钢筋网片焊接机(图10.3.2-3),及适用于隧道工程的小导管冲孔机、小导管尖头成型机、等离子切割机、钢板联合冲剪机等,并符合以下要求:

1)机械设备应根据加工工艺的流水线要求合理布设,并悬挂机械操作安全规定公示牌(即安全操作规程)和设备标示牌。

2)钢筋吊装宜采用门式起重机等专用设备,设备应证照齐全、检验合格,各类证照应悬挂牢固。

3)金属加工机械(如卷扬机等)工作台应稳固可靠,防止受力倾斜。

4)箍筋、弯起钢筋等宜采用数控设备加工。

图10.3.2-2　钢筋笼滚焊机　　　　　　　图10.3.2-3　钢筋网片焊接机

6 在加工制作区应悬挂各种型号钢筋的大样设计图(图10.3.2-4),并标明尺寸,确保钢筋下料及加工准确。

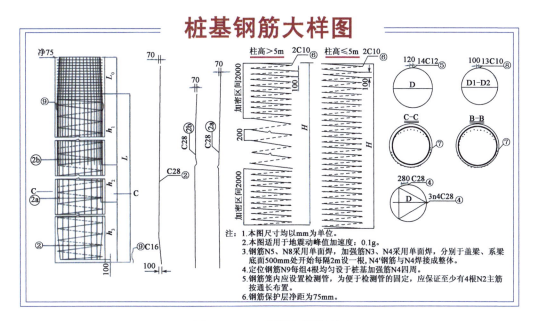

图 10.3.2-4　钢筋大样设计图

10.3.3　其他要求

1　场内应设置照明(含应急照明)设施,照明电路宜与工作用电电路分开。电路敷设应科学、合理,一般沿棚的两侧设置,严禁乱拉、随地放置。

2　各种气瓶应有标准色,气瓶使用或存放应符合要求,应有防震圈和防护帽。

3　焊接、切割场所应设置禁止标志、警告标志。使用氧气、乙炔等易燃易爆场所应设置禁止标志和明示标志。

4　易产生粉尘、有害气体的加工场、存放场应采取除尘、有害气体净化措施,且应远离生活区、居民区,尽量将加工场设于场地下风向。

5　加工剩余的短小材料及废料应合理回收,充分利用。

6　进行钢筋防腐处理时,制作区应远离办公生活区。

7　起吊钢筋时,下方禁止站人,应设置牵引绳,待钢筋降落到距地面1m以内方准靠近,就位支撑好后方可摘钩。

8　焊接时,应有可靠的接地装置,导线绝缘良好。焊接操作时应佩戴防护用品。

9　人工断料工具应牢固。切断短于30cm的短钢筋,应用钳子夹牢,并在外侧设置防护箱笼罩。

10.4　预制梁场

10.4.1　预制梁场选址

选址除符合一般规定外,还应满足以下要求:

1　选址应以方便、合理、安全、经济及满足工期为原则,结合施工合同段所属预制梁板的尺寸、数量、架设要求以及运输条件、通电和通水条件等情况进行综合选址。

2 <u>用地受限时,经建设单位同意可将预制梁场设置在红线征地范围内</u>(图10.4.1)。

图10.4.1　梁场设置在路基主线上

10.4.2　场地建设

1　预制梁场地建设前,施工单位应将梁场布置方案报监理单位审批,方案内容应包含各类型梁板的台座数量、模板数量、生产能力、存梁区布置及最大存梁能力等。

2　预制梁场宜采用封闭式管理。场地内应按原材料存放区、构件加工区、制梁区和存梁区、废料处理区等科学合理设置,宜功能明确,标识清晰(图10.4.2)。如需现场设置办公区与生活区,应与其他区隔开,参照本指南第9章的有关规定。

图10.4.2　预制梁场布局

3　当预制梁场设置在红线征地范围内时,应增设车辆通行便道及梁场隔离设施,不得影响安全通行及后续施工,同时宜考虑将梁场硬化层进行再利用。

4　各合同段预制场应统筹设置,建设规模和设备配备应与预制梁板的数量和生产工期相适应,一般不低于表10.4.2的规定。

预制场规模和相关设备配备表　　　　表10.4.2

内　容	要　求
钢筋棚	至少1座(尽量使用合同段既有的钢筋加工场)
台座数量	应与预制时间、数量相匹配
吊装设备	满足起吊吨位需要,至少2台
模板数量	按照台座数量的1/6~1/4配备
自动喷淋养生设施	每片梁板设喷管不得少于4条(顶部1条,两侧各1条,内腔1条)
必备的施工辅助设施	横隔板钢筋定位架、钢筋骨架定位架、横隔板底模支撑架
其他施工设备	满足施工需要

5　每个预制梁场预制的梁板数量不宜少于300片。若个别受地形、运输条件限制的桥梁梁板需单独预制,规模可适当减小,但钢筋骨架定位胎模、自动喷淋养生等设施仍应满足施工生产要求。

6　预制梁板钢筋骨架应统一采用定位胎架进行加工,并设置高强度垫块保护钢筋保护层。

7　场地内应根据梁板养生时间及台座数量设置足够的梁体智能喷淋养生设备,养生用水应进行过滤并循环使用,避免出现喷嘴堵塞现象。喷淋水压应保证梁板的每个部位均能喷淋养生到位,尤其是翼缘板底面及横隔板部位。

10.4.3　台座布设

1　在不良地基路段,应先进行地基处理。为防止发生张拉台座不均匀沉降、开裂事故,影响预制梁板的质量,先张法施工不得采用重力式台座,宜采用可回收材料制作台座,如工字钢等。台座端部受力处应设置钢筋网片。

2　预制梁模板应采用不锈钢模板(图10.4.3),钢板厚度不小于6mm,应采取防止变形措施。有条件的推荐采用液压模板系统。

图10.4.3　不锈钢模板

3　存梁区台座尺寸、强度应满足使用要求,推荐采用可回收材料制作,如定型枕木、工字钢等。用于存梁的枕梁应设在离梁两端面各 50～80cm 处，且不影响梁片吊装，支垫材质应采用承载力足够的非刚性材料，且不污染梁底。

4 在使用过程中，监理和施工单位应定期对台座进行复测检查，非不良地基区域的台座每 3 个月应复测 1 次，不良地基区域的台座每月应复测 1 次，并建立观测数据档案，分析台座沉降情况，发现异常应及时处理。

5 梁板预制完成后，移梁前应对梁板进行统一标识和编号，标识内容包括预制时间、张拉时间、施工单位、梁体编号、部位名称等。

6 宜设置梁板检修台座，当预制梁的生产与架设非同一单位时，应有出场验收台账。

7 预制梁板存放应符合设计文件、国家和行业现行有关标准的规定。设计文件无规定时，空心板叠层不得超过 3 层，小箱梁堆叠存放不得超过 2 层，T 形梁和 I 字梁不得叠放。预制梁存放时（特别是叠层存放）应采取支撑等措施确保安全稳定。

10.4.4 张拉与压浆

1 应采用自动化智能张拉与压浆技术。

2 智能张拉和压浆设备应符合《广东省交通运输厅印发关于进一步加强广东省公路桥梁预应力工程质量管理的指导意见的通知》（粤交基〔2015〕1304 号）的有关规定。

3 预应力筋原则上应采用整束穿束工艺，若采用预应力钢绞线，则应对预应力钢绞线进行编束、编号，并应两边对称、同步张拉。

10.4.5 其他要求

1 预制场出入口宜设置洗车台（池），防止运送材料车辆、混凝土罐车等将泥土带进场内。

2 预制梁场的排水应编制专项方案，满足以下要求：

1）预制场的蓄水池应确保施工用水充足。

2）场内应设置沉淀池，施工污水应先汇入沉淀池，处理达标后方能排放。

10.5 预制构件场

10.5.1 基本规定

1 预制构件场选址除应符合一般规定外，还应以方便、合理、安全、经济及满足工期为原则，结合合同段工程量及运输条件综合选址。可结合拌和站或预制梁场等综合设置。

2 高速公路项目因为预制场地、运输通道、工程数量等客观条件所限，预制构件混凝土工程量达不到 5000m³ 的合同段，可以考虑相邻合同段合并（委托等）预制。预制构件混凝土工程量较大的，推荐采用自动化生产线生产。其他等级公路项目可参照执行。

10.5.2 场地建设

1 预制构件场宜采用封闭式管理，场地内应按构件生产区、存放区、养生区、废料处理区等科学合理设置，宜功能明确，标识清晰。

2 预制场的建设规模应结合预制构件数量和预制工期等参数进行规划设计，场地面积一般不小于 2 000m²。

3 生产区应根据合同段设计图纸确定的预制构件种类设置生产线,同时配备小型拌和站,应尽可能利用既有拌和站。

4 养生区应采用自动喷淋养生系统结合土工布覆盖对构件进行养生,确保构件处于湿润状态。混凝土养生应符合规范要求。

5 成品应按不同规格分层堆码,层间应用土工布等软性材料进行隔离,堆码高度应保证安全。预制件养生期内不得堆码存放,以防损伤。应用打包带打包,运输过程中防止缺边掉角。

10.5.3 其他要求

1 小型构件预制应选用振动台振捣。应经现场试验,对振动台的性能进行分析与比选,确定振动台电动机功率,一般为 1.2~1.5kW。振动台数量根据预制构件生产数量确定。

2 模板应使用钢模或高强度塑料模具。入模前应进行拼缝检查,拼缝达不到要求的,辅以双面胶或泡沫剂,应选用优质脱模剂,保证混凝土外观。在周转间隙应有覆盖措施,防止雨淋、生锈、被污染。

3 混凝土入模振动后的存放场地应平整。

10.6 库房

10.6.1 库房应与拌和站、钢筋加工场、预制场等场地配套建设,应合理选择设置地点。布设地点应平坦、宽敞、通风、交通方便,材料出入库便捷,距各使用地点综合距离较近,符合安全技术要求和防火规定。危险品仓库应远离施工现场、居民区和既有设施,附近应设有明显标志及围挡设施,并设置视频监控系统。

10.6.2 各库房门口应设置库房标识牌,内容包括库房名称、存放物品名称、型号、数量、危险级别、仓库管理员等。各种材料库房内应设置材料标识牌。氧气、乙炔等易燃易爆场所应设置禁止、警示标志,消防器材放置场所应设置提示标志。

10.6.3 严禁在库区吸烟、使用明火。库房内消防设施应符合防火、防爆、防雷要求。电力线路、电器设备应满足安全用电要求。

10.6.4 火工品库、危险品库、油库等存放应符合《中华人民共和国民用爆炸物品管理条例》《化学危险品安全管理条例》《油库安全管理规程》、现行《爆破安全规程》(GB 6722)等法律、法规、规章和标准的有关规定。

10.7 隧道洞口场区

10.7.1 基本规定

1 隧道洞口场区建设宜包括门禁系统,施工供风、供水、供电等。

2 场站和驻地的选址除应符合一般规定外,还应重点注意避开冲沟,尽可能选在地势较高的位置。

3 隧道洞内排水与洞外排水应编制专项方案,不得浸泡、冲刷洞口实体和临建工程。场区应做好临时雨水、污水排放以及垃圾处理,防止污染环境。

10.7.2 洞口场区布局

1 隧道洞口场区临建设施的布局(图 10.7.2-1)应结合隧道洞口景观、洞渣弃用及排水要求统一规划,并满足生态环保的相关要求。

2 洞口场区的办公和生活设施宜离洞口 50m 外,并与其他区域隔离。场地上的房屋不得侵入行车道,方向尽量与线路方向平行或垂直,生活用房建设应符合本指南第 9 章的有关规定。

3 门禁系统(图 10.7.2-2)的设置应符合以下要求:

图 10.7.2-1 隧道洞口布局

1)在进入施工现场的入口、隧道洞口处设置值班室,洞外设置电动升降栏杆和入场通道(图 10.7.2-3),洞口靠近值班室一侧设置 1.2m 宽的人员专用通道,实现人车分流。

图 10.7.2-2 门禁系统

图 10.7.2-3 人员专用通道

2)出入施工现场的来访人员和车辆应在值班室登记,并领取来访证,来访人员进入隧道应有项目部管理人员陪同。

3)洞口应设置智能门禁系统,将进出洞人员数量、工种、时间、洞内各工序施工情况等信息反映在电子屏幕上。

4 隧道施工供风应满足如下条件:

1)空压机房应在洞口旁边选址修建,宜靠近变电站,并应有防水、降温、保温和防雷击设施。

2)压风站供风能力应满足隧道正常施工需要,供风管路布置应尽量减少压力损失,保证工作面使用风压不小于 0.5MPa。

5 隧道施工供水应符合以下要求：

1）按施工需要的供水压力（水压不小于0.3MPa）合理选址修建高位水池，安装上、下水管路。

2）对于修建高位水池困难的隧道，宜采用变频高压供水装置满足施工需要。

3）供水管道前端至开挖面一般不超过20m。

6 隧道施工临时供电施工组织设计、建设及维护应符合以下要求：

1）施工期间"三管两线"应架设、安装顺直、整齐，各类管线路应接头严密，无扭曲、褶皱，悬挂牢固，破损应及时修复。电线悬挂高度应满足：110V以下电线离地面距离不应小于2m，380V应不小于2.5m，6～10kV不应小于3.5m。供电线路架设一般应高压在上、低压在下，干线在上、支线在下，动力线在上、照明线在下。

2）隧道洞身开挖并完成初期支护后，应在隧道右侧每隔30m设置照明灯箱，灯箱应固定在隧道拱腰处，高度为离隧道地面2m以上。

7 隧道弃渣场应按设计要求进行选址和防护。当设计要求不能满足实际需要或设计无具体要求时，施工单位应重新选址并上报变更，以确保边坡的稳定，防止水土流失、泥石流、滑坡等危害。

8 隧道洞口外排水及污水处理应符合以下要求：

1）在隧道洞口两侧设置浆砌排水沟排出隧道内污水，尺寸应满足排水需要（考虑雨季降水的影响）。

2）两侧水沟经涵管连通横穿路基汇于集水井排入污水处理池，处理达标后方可排放。

10.7.3 永临结合

1 推荐隧道施工用电永临结合，将施工时建设的电力专线转换为通车后的永久用电线路，实现节约资源。

2 施工期间的污水处理设备，在施工完毕后宜转为永久设备使用。

3 施工期间的高低位水池宜结合消防水池统一规划。

10.8 自办料场

10.8.1 自办料场应先批后建，砂石料生产不得影响正常的施工组织，应满足环保要求且不影响路侧景观。

10.8.2 场地建设应符合以下要求：

1 原材料堆放区、生产区、成品堆放区应合理划分，实现人车分流。

2 砂石料加工场应进行排水专项设计。场地排水面坡度应不小于3%，污水经过沉淀达标后方可排放。

3 应根据工程需要进行设备选型，并配备除尘装置。

4 加工后的碎石应转运至成品堆放区，根据工程需要分档存放，不得随地倾倒。

5 机制砂应设置专用堆放仓（带顶棚），并满足自然风干的仓储条件。

11 其他临时工程

11.1 一般规定

11.1.1 其他临时工程主要包括临时用电、施工便道、便桥、水上作业平台、临时码头等。

11.1.2 宜与现场地形、地物和现有生活、生产设施相协调,尽量减少对现有地形地貌的破坏,充分利用现有生活、生产设施。

11.1.3 在设计阶段宜对临时便道、便桥、施工用电等进行专项设计,统筹考虑"永临结合"设计方案,施工便道、便桥宜与地方三改工程相结合。

11.1.4 应根据本区域的降雨情况和台风等级,采取相应防护措施。

11.1.5 应满足生态环保的相关要求。

11.2 临时用电

11.2.1 临时用电应符合现行《施工现场临时用电安全技术规范》(JGJ 46)及《广东省高速公路工程施工安全标准化指南》等的有关规定。

11.2.2 临时用电施工前应编制临时用电施工组织设计,报监理单位审核批准后方可实施。

11.2.3 隧道洞口场区、房建场区、服务区等施工区域宜充分考虑用电永临结合。

11.2.4 雨季来临前应检查、修复或完善现场防雷装置、接地装置、用电设备等;雨季施工期间应定期检查用电设备的线路及接地装置是否完好有效。

11.2.5 台风季节应定期对相关设备的防雷接地、临时用电(图11.2.5)进行检查,应检查加固电缆、电线;台风暴雨期间,应切断不使用的电器设备电源。

图 11.2.5　配电箱接线规范

11.3 施工便道便桥

11.3.1　基本规定

1　施工便道、便桥宜充分考虑主体工程工期要求、工程难度、地方气候、地域特点等综合因素,确保满足高峰期及雨季施工需求,一次性规划设计到位。

2　施工便道、便桥宜结合施工平面布置,满足工程施工机械、材料进场的要求。施工便道分为主干线和引入线,主干线应尽可能靠近合同段各主要工点,引入线应以直达施工现场为原则,并考虑与相邻合同段施工便道的衔接。条件允许的,施工便道宜布设在主线外的一侧,并尽可能设置在路基坡脚及小型构造物洞口、桥梁锥坡以外,以利于路基、锥坡的填筑和压实。

3　施工便道、便桥应充分考虑地方道路尤其是农村道路的远景规划需求,在地方政府的支持下,尽可能提前实施。项目工程完工后,可以留地方使用的应及时完善相关手续。

4　施工便道、便桥宜充分利用既有道路和桥梁,避免与既有铁路线、公路平面交叉,避免对当地居民生活造成困扰,如与国、省道等有交叉,应完善相关手续。

5　需临时占用地方道路、桥梁的,宜提前做好地方道路的现状调查取证工作,充分考虑权责划分及工程结束后的移交问题。对旧、危路段和桥梁应根据施工需要扩宽或加固处理,确保便道畅通。

6　新建便道、便桥宜尽量不占用农田、少开挖山体,节约资源,保护环境。

11.3.2　建设标准

1　应根据地形条件,确定便道、便桥平纵线形及横断面宽度,便道的路基宽度应不小于5.0m,路面宽度应不小于4.0m,每100～200m范围内宜设置一个长度不小于20.0m、路面宽度不小于6.0m的错车道。便道在急弯、陡坡处应视地形情况适当加宽、进行硬化处理并增设防护措施(图11.3.2)。公路项目便桥的结构应按照实际情况专门设计,同时应满足排洪要求,人行便桥宽度应不小于2.5m,人车混行便桥宽度应不小于4.5m。

图 11.3.2 施工便道

2 公路项目便道路面最低标准应采用泥结碎石或级配碎石,特殊路段便道路面宜采用混凝土硬化。

3 便道应设置排水系统,在汇水面积较大的低凹处设置管涵,以满足排水泄洪要求。

4 便桥高度应不低于上年最高洪水位,海上施工的便桥(栈桥)高度应根据 10~20 年一遇波浪要素值与潮汐特征值确定。桥头应设置限高、限宽、限重、限速标牌,桥面栏杆高度应不小于 1.2m,立柱间距应不大于 2.0m,栏杆宜颜色标准统一,且在适当位置设置醒目的警示反光标志。

11.3.3 管理要求

1 施工期间应指定专人(队)负责施工便道、便桥的日常检查和养护,及时修复路面坑槽,清理排水沟和涵洞的淤泥、杂物,保障便道、便桥畅通。

2 每个土建施工合同段应至少配备 1 台洒水车,做到晴天少粉尘,雨天不泥泞,日常无投诉。

3 加强施工便道出入口、交叉位置的交通管制,避免非施工车辆或人员进入施工现场。路面施工现场的出入口应设置门禁系统和洗车槽。

4 栈桥宜人车分流,施工人员单侧通行,并在栈桥出入口处进行交通管制,设置门禁系统。

5 对施工便道应统一进行数字编号,并标明便道通往的方向和主要工程名称。编号可由公路简称首字母、合同段号及便道排序号三项组成,如 LL0101 表示龙连高速公路第 1 合同段 1 号便道,以此类推。

6 便道路口应设置限速标志。建筑物、城市道路转角以及视线不良地段应设置明示标志。跨越(临近)道路施工应设置警告标志。道路危险段应设置防护及警告标牌。途经桥梁,应设置限载、限宽标志。途经通道,应设置限宽、限高警告标志。路线明显变化处、便道平面交叉处,应设置指路和警告标志。

11.4 水上作业平台及临时码头

11.4.1 水上作业平台包括所有用于办公生活、材料加工、施工、测量等搭建在水上的作业平台。

11.4.2 水上作业平台选址应靠近主体施工点,与施工栈桥相连接,宜远离航道密集的水域。按照通航等级和通航能力的要求,应设置相应防撞、警示等安全措施。

11.4.3 宜根据主体施工点和水上作业平台位置配套建设临时码头,考虑永临结合利用,做好加固防止冲刷,并配套相应停靠设施。

12 改(扩)建工程

12.1 一般规定

12.1.1 改(扩)建工程应遵循"利用与改(扩)建充分结合、建设与运营一体协调"原则,提前规划布局,确保安全、畅通、高效、优质完成建设。

12.1.2 改(扩)建工程应对既有工程进行充分调查、评价,收集既有工程竣工文件、养护资料等,在保证结构安全、稳定前提下,合理利用既有工程;同时应对周边环境、既有地方道路及地下管线等进行摸查、标识,制订保护措施及应急抢修方案。

12.1.3 机电、房建、交安等附属工程宜与土建主体工程同步进行,时间差不宜超过3个月。

12.1.4 开工建设前,改(扩)建的运营、建设、施工等单位应厘清各方安全管理界面,确保改(扩)建期间交通运行和施工安全总体有序、可控。

12.2 改(扩)建交通组织

12.2.1 改(扩)建交通组织可参照广东省高速公路改(扩)建期间交通组织技术及管理的有关要求执行。

12.2.2 改(扩)建总体交通组织方案应符合以下规定:

1 应充分掌握影响范围内道路技术等级、现状评价、交通组成、交通流特性、气候特征,并结合改(扩)建方案、交通转换形式、施工工期以及工程造价等因素确定。

2 应根据项目路况及区域路网条件确定通行断面、设计速度以及临时交通工程设施设计标准。

3 应结合作业区类型及作业时长,进行差异化设计。

4 应加强交通转换开口段的设计,确定中分带临时开口段位置、路面结构、开口长度、细化线形诱导和夜间照明等临时交安设施设计。

　　5　应根据项目道路影响区域、地理区位确定交通组织保障与应急管理方案。

　　12.2.3　施工单位应根据总体交通组织方案、征拆情况、重难点工程等，编制实施性交通组织方案报相关单位审批，并结合批复方案实施。

12.3 既有工程再利用

　　12.3.1　设计单位应结合前期调查情况，制订既有工程再利用方案。

　　12.3.2　应对既有工程构件和废旧材料进行统筹利用，无法利用的应妥善收集处理，不得污染环境。

　　12.3.3　宜在施工招标文件中对既有工程构件和废旧材料的利用与处置问题进行约定。

12.4 保畅通临时工程

　　12.4.1　改(扩)建工程的互通立交匝道改建时，宜采用间隔分幅、间隔封闭互通匝道方式进行施工，否则应修建临时匝道，以确保互通立交的正常通行。

　　12.4.2　为保证高速公路交通不中断，提高路面通行安全性及舒适性，可在桥梁超高段、桥面整体化层、中央分隔带穿行等局部路段铺设临时通行路面。

　　12.4.3　应做好施工期间临时排水总体规划和建设，临时排水设施应结合永久性排水设施综合考虑。

　　12.4.4　宜对临时交安设施进行专项设计，并充分利用既有交安设施，做到"永临结合"。

　　12.4.5　建设单位应组织运营、设计等相关单位制订改(扩)建期间收费、通信、监控系统的保通方案。